Género Texto expositivo

I0794285

Pregunta esencial

¿Por qué es importante mantener un registro del pasado?

Tesoros del pasado

Claudia María Ramírez

Sindy Moya Chaves

Introducción

Un museo **alberga** objetos culturales, científicos y educativos de inmenso valor. El conjunto de **piezas** del museo se llama colección y representa aspectos de la existencia humana y de su entorno. El museo exhibe y preserva estas piezas para conservar los registros del pasado en el presente.

Adquirir piezas para una colección es una tarea dispendiosa y difícil. En ocasiones, las piezas se encuentran en diferentes lugares del mundo o forman parte de **colecciones privadas**.

Museo Nacional de Antropología de México

Christian Kober/Alamy Stock Photo

Sala de exhibiciones del museo. En ella los visitantes pueden apreciar objetos elaborados en piedra por los antiguos habitantes de Mesoamérica.

A veces se pierde el rastro de algunas piezas. Las personas que trabajan en el museo deben averiguar dónde pueden hallar más piezas. Los museos las conservan todas y las preservan. De esta manera, la historia se conserva.

¿Te gustaría conocer uno de los museos mexicanos de mayor importancia para el mundo entero? ¡Este museo alberga piezas de hace miles de años y millones de personas lo visitan cada año!

Capítulo 1

Culturas del pasado

La vasta historia del Museo Nacional de Antropología de México (MNA) lo hace uno de los museos más importantes y reconocidos. Allí se encuentran objetos pertenecientes a las culturas **precolombinas** de origen **mesoamericano**.

En 1970 se descubrió en la Plaza Mayor de Ciudad de México una célebre y detallada escultura. Su nombre es Coatlicue. Representa la parte femenina del universo, según las creencias de los pueblos mexicas. Aproximadamente un año después, se encontraron más piezas. Entre ellas estaba la Piedra del Sol. Todas fueron llevadas a la Real y Pontificia Universidad de México para su estudio y conservación.

¡Conozcamos a los mexicas!

Los aztecas o mexicas fueron un pueblo indígena que vivió en México en el siglo XV a. C. Por los objetos encontrados, se dice que eran guerreros poderosos y valientes, y escultores hábiles. Ejemplo de ello son la Piedra del Sol y la escultura de Coatlicue.

Escultura en piedra de Coatlicue, diosa de la tierra. Esta escultura tiene ricos detalles como dos serpientes en la cabeza, varias serpientes entrelazadas en la falda y garras de águila en los pies.

En la actualidad, el MNA alberga muchas y extraordinarias piezas de diferentes culturas indígenas de Mesoamérica. Hay objetos hechos de piedra, cerámica, madera, metal e, incluso, ¡hueso! Puesto que los objetos pueden contar historias, los científicos logran conocer cómo eran esas culturas: su tipo de vivienda, sus costumbres, su alimentación, su sistema de organización social y forma de vida. Pueden incluso observar si las esculturas creadas son bastas o si fueron talladas con gran detalle. El museo es, por consiguiente, un espacio donde podemos aprender del pasado.

Los objetos del MNA tienen valiosa información a la que acceden los más de dos millones de visitantes anuales. Esto, sin contar la enorme cantidad de científicos que estudian las piezas. Por esta razón, el MNA es uno de los museos más importantes del mundo.

¿Sabías que. . .

los museos tienen dos clases de salas?

- **Salas permanentes: exhiben siempre las mismas piezas u objetos.**

- **Salas temporales: exhiben piezas por un tiempo. Estas salas cambian su contenido constantemente.**

La Piedra del Sol

Es uno de los monolitos más importantes de la cultura mexica. Fue elaborado alrededor de 1479. Pesa 24 toneladas y mide 3,60 metros de diámetro.

La Piedra del Sol es un **monolito** de la cultura mexica. Se considera que fue elaborado en 1479 y es una de las piezas representativas del museo. Sus 24 toneladas dan la bienvenida a los visitantes de la sala mexica, quienes quedan asombrados ante los 3,60 metros de altura de esta piedra. Se considera que representa la manera como los mexicas entendían el tiempo. Su maravillosa cantidad de detalles la han convertido en objeto de diversos estudios que intentan descifrar su significado.

La Piedra del Sol fue llevada al MNA en 1964. Anteriormente estaba en el Museo Nacional de Arqueología, Historia y Etnografía de la calle Moneda, donde también era preservada y estudiada. Este museo fue asimismo un importante centro de preservación y registro de la historia de México en sus varias manifestaciones.

Como la Piedra del Sol representa el tiempo, se la conoce como calendario azteca. Sin embargo, se ha precisado que se trata de una representación del tiempo. En la piedra aparecen también los cuatro puntos cardinales: Norte, Sur, Oriente y Occidente.

Antropología

La Antropología es la ciencia que estudia los orígenes y cambios de la especie humana. Así podemos saber por qué la Piedra del Sol era tan importante para los mexicas. Esta ciencia se ramifica en varias disciplinas como la arqueología, la lingüística antropológica y la etnografía. La primera estudia los restos materiales para describir una sociedad. La segunda estudia las lenguas indígenas y su desarrollo. La tercera estudia y describe las costumbres y tradiciones de los pueblos.

Salas de etnografía

En el MNA también hay espacio para las culturas indígenas actuales, lo que nos permite acercarnos a la diversidad cultural y lingüística de México. Las diferentes piezas que se encuentran en las salas de etnografía son una muestra de varios aspectos de la vida cotidiana de estas tribus, como la música, las creencias religiosas, los bailes, los rituales y la indumentaria.

Capítulo 2

Fundación del museo

Las piezas y documentos que dieron origen al MNA formaban parte de la Real y Pontificia Universidad de México. Allí fueron llevadas piezas como la Coatlicue o la Piedra del Sol. Posteriormente, se trasladaron al Museo Nacional de la calle Moneda, en el centro histórico de Ciudad de México. Fue necesario cambiar de lugar por dos razones: el espacio era reducido y se requería un lugar que albergara una mayor cantidad de objetos para ser estudiados.

Momentos importantes del MNA

1790 Se descubre Coatlicue

1791 La Piedra de Tizoc y otras piezas son llevadas a la Real y Pontificia Universidad de México

1825 Se funda el Museo Nacional, directo antecesor del MNA

1866 Se realiza una expedición científica para ampliar la colección del museo

1952 Se reorganiza el museo y se crean salas para las diferentes culturas

1963 Se construye un edificio en Bosque de Chapultepec, la sede actual del museo

Fuente invertida a la entrada del edificio del museo en Bosque de Chapultepec.

En 1963, se construyó un edificio en el Bosque de Chapultepec. Esta innovadora construcción sería la sede del MNA y albergaría en su interior una de las colecciones más grandes de piezas precolombinas de Mesoamérica. El objetivo de este edificio era conservar los registros de la historia étnica y cultural de México.

El edificio en el Bosque de Chapultepec fue diseñado por el **arquitecto** Pedro Ramírez Vásquez, quien en 1965 ganó una medalla por su trabajo. Su idea había sido la mejor y, sorprendentemente, fue la más sencilla:

"Quiero un lugar que haga sentir a los mexicanos orgullosos de su país y de su herencia", explicó.

La valiosa colección del MNA y el edificio del Bosque de Chapultepec ofrecen al público la oportunidad de conocer mejor la historia pasada y presente de México.

Detective del lenguaje	Busca una oración entre comillas en esta página. ¿Por qué está escrita entre comillas?

El nuevo edificio se construyó para mejorar los métodos de estudio, preservación y divulgación de las piezas.

La colección del museo se enriqueció grandemente gracias a la adquisición de una gigantesca estatua, hecha por los mexicas, del dios Tláloc. Esta pieza es celebérrima, tanto por sus enormes proporciones como por su viaje. Fue remolcada desde el estado de Coatlinchan hasta Ciudad de México.

Su recorrido fue tan peculiar y valentísimo que las personas salieron a las calles para admirar esta monumental escultura mexica. Su traslado demandó una fortísima industria, porque el gran valor cultural del Tláloc así lo requirió.

Tláloc no solo está representado en esta escultura, también aparece en diversos códices. Este Dios regía las lluvias y la fertilidad, elementos de suma importancia a la hora de obtener buenas cosechas.

Tlátoc fue trasladado desde Coatlinchan hasta Ciudad de México.

Detective del lenguaje

La palabra subrayada es el adjetivo superlativo del adjetivo *célebre*. Busca más adjetivos superlativos en esta página y di de qué adjetivo provienen.

Capítulo 3

Colecciones, exposiciones y piezas importantes

El total de piezas del MNA sobrepasa las 7,761. Cada día se adquieren más. Algunas están en **restauración**, otras se resguardan, se protegen de la luz y del aire. Otras se guardan. ¡Es imposible exhibirlas todas simultáneamente!

EL MNA cuenta con 23 salas de exposición permanente. Se dividen en salas de arqueología y salas de etnografía. Las 12 salas de arqueología exhiben restos materiales de las culturas mesoamericanas. Las 11 salas de etnografía están dedicadas a los pueblos indígenas de México.

¿Sabías que. . .

el MNA tiene una biblioteca y otra sala de exposición?

La Biblioteca Nacional de Antropología e Historia tiene su sede en el MNA. Una sala de exposiciones temporales recibe y exhibe las piezas u obras de otros museos del mundo.

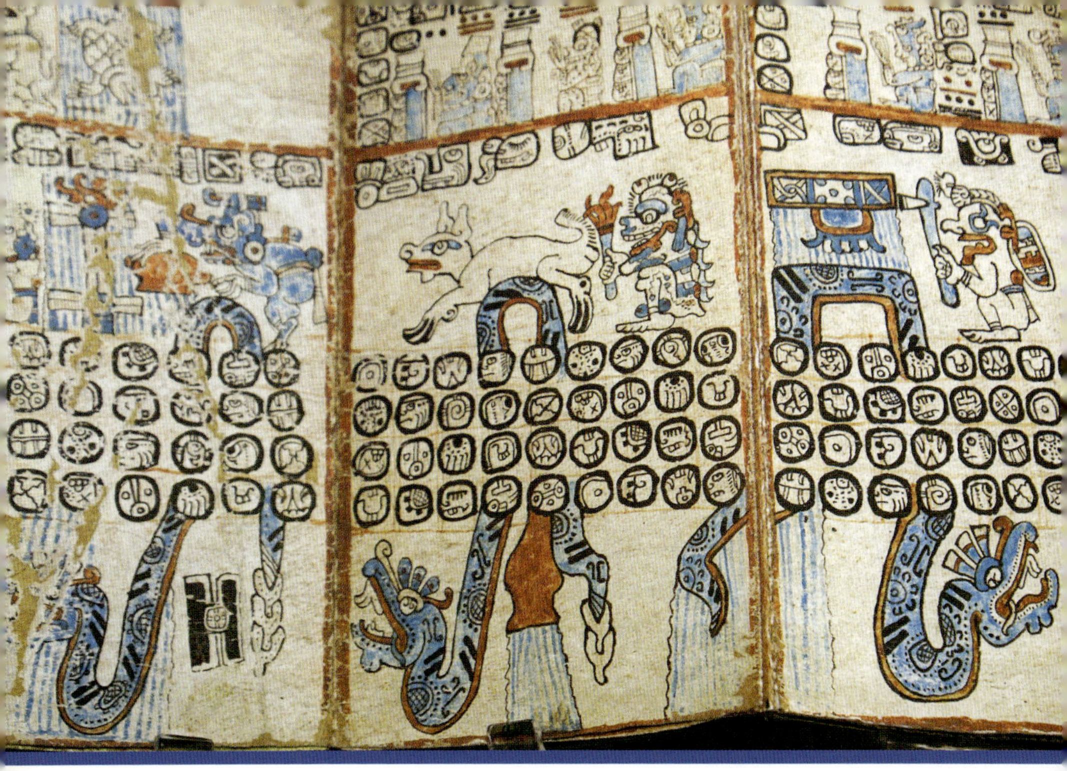

En la Biblioteca Nacional de Antropología e Historia hay códices, manuscritos, periódicos mapas y textos antiquísimos.

Gabinetes de curiosidades

Los gabinetes de curiosidades fueron los precursores de los actuales museos. Allí se podían encontrar objetos insólitos y misteriosos, que abarcaban desde minerales raros y animales disecados hasta supuestas sirenas momificadas y presuntos cuernos de unicornios. Estos gabinetes tuvieron su apogeo durante los siglos XVI y XVII.

Los mexicas

La Piedra de Tizoc tiene grabadas 15 escenas de conquista en su parte lateral.

Una de las salas más representativas del MNA es la Mexica. Allí hay elementos muy antiguos de esta poderosísima cultura. Los mexicas dominaron gran parte del actual territorio mexicano y el norte de Centroamérica, entre 1426 y 1521 E. C.

La Sala Mexica alberga objetos de todos los tamaños, por ejemplo, la gigantesca escultura de la diosa Coatlicue. Imponente y majestuosa, esta escultura está cargada de símbolos y detalles. Su diseño es llamativo y singular. Su cabeza está formada por dos serpientes y tiene un collar de corazones. Al parecer, esta magnífica escultura narraba a los mexicas el nacimiento de un nuevo gobernante.

Otra escultura importante de esta sala es la Piedra de Tizoc. Representaba el valor y la fuerza de los guerreros. Los detalles de la piedra han sido objeto de diversos estudios.

Esta escena de la Piedra de Tizoc muestra la delicadeza y el grado de detalle con que se esculpía la piedra.

Otros objetos exhibidos en esta sala son los códices y los manuscritos de Boturini. El códice más importante de esta sala se llama “Tira de la peregrinación”. Cuenta la historia del pueblo mexica desde que partió del legendario Aztlán hasta la fundación de Tenochtitlán.

¿Quién era Boturini?

Fue un historiador de origen italiano que llegó a México en 1736, donde estudió las culturas indígenas. Adquirió mapas y pinturas indígenas, y escribió notas relativas a la lengua náhuatl y las costumbres indígenas. Parte de su colección está en el Museo Estatal de Berlín, la Biblioteca Nacional de París y diversas instituciones estatales de México, entre ellas, el Museo Nacional de Antropología.

Las salas de etnografía tienen piezas interesantes. El huipil triqui es un vestido que usan las mujeres del grupo indígena triqui de Oaxaca. Está hecho de algodón y tiene figuras geométricas que representan diversos insectos.

Huipil triqui, vestido femenino con diseño geométrico de insectos, en su mayoría, mariposas.

En esta sala hay también una máscara tecuani. Estas máscaras son utlizadas por los indígenas nahuas de México durante la danza de los tecuanis, o tigres. La danza es una actividad importante entre estos indígenas.

La máscara tecuani se utiliza en las danzas de los ciclos agrícolas.

Esta vasija, que representa un pato, pertenece a la cultura tlatilco.

Conclusión

Las piezas y los objetos antiguos denotan las costumbres de las personas que vivieron en un tiempo pasado. Son un indicio fundamental para deducir su constitución como pueblo. Entre lo mucho que se puede descubrir, figuran la obediencia a sus gobernantes y sus actividades de recreación.

La valoración del pasado permite que las personas sepan de dónde provienen y conozcan su historia. A través del estudio de las culturas antiguas y de la preservación de sus objetos materiales se conserva el pasado y se entiende el presente.

¿Te imaginas que hoy desconociéramos la Piedra del Sol? Seguramente no sabríamos que los mexicas daban gran importancia al Sol y que tenían una singular concepción del tiempo.

Respuesta a la lectura

Resumir

Usa los detalles más importantes de *Tesoros del pasado* para resumir la selección. Puedes usar el organizador gráfico como ayuda.

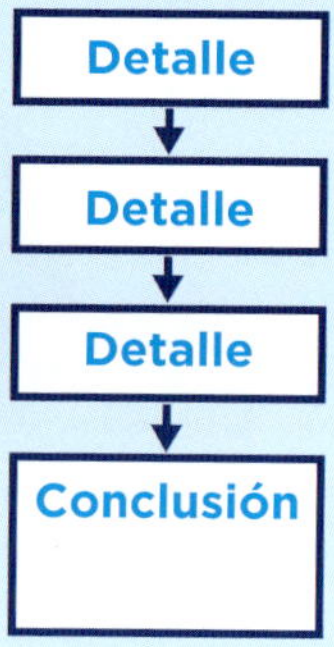

Evidencia en el texto

1. ¿Cómo sabes que *Tesoros del pasado* es un texto expositivo? Identifica tres características que te permitan determinarlo. **GÉNERO**

2. ¿Cómo ayuda la preservación de objetos, en un museo, a conservar un registro del pasado? **TEMA**

3. Las palabras *vasta* y *basta* son homófonas. ¿Cuál es el significado de *vasta* en la página 4? ¿Cuál es el significado de *basta* en la página 5? **HOMÓFONOS**

4. Explica cómo los detalles de la conexión entre pasado y presente te ayudan a identificar el tema del texto. **ESCRIBIR SOBRE LA LECTURA**

Género Ficción histórica

Compara los textos

Lee acerca de una niña que encuentra sus raíces en la caja de los recuerdos.

La caja de los recuerdos

Hoy tengo que llegar temprano a casa porque la maestra de historia nos puso una tarea. Debemos preguntarles a nuestros padres por una anécdota familiar relacionada con un hecho histórico o un personaje importante. Nunca he escuchado que mis papás hablen de alguien importante ni que lo hayan conocido. A quien sí escuché decir una vez que conoció a su cantante favorita, fue a mi primo Juan, pero ella aún no es muy famosa.

Tal vez podríamos preguntarle al tío abuelo Roberto, pues, con todos los años que tiene, en algún momento ha debido conocer a alguien o vivió un suceso histórico importante. El único problema con el tío abuelo es que vive en Ciudad de México. Ya sé qué van a decir mis papás cuando les cuente: que no lo moleste preguntándole esas cosas.

Cuando llego a la casa, les cuento a mis papás mi tarea de historia. Papá entorna los ojos con ese gesto que hace cuando trata de recordar algo. Luego, le pregunta a mi mamá por la caja de los recuerdos.

—¿La caja de los recuerdos? —pregunto asombrada—. ¡Cómo es posible que recién ahora me entere de que teníamos algo así!

Mamá trae una caja y empieza a sacar un montón de cosas: fotografías antiguas en sepia y en blanco y negro, cartas, un relicario con una fotografía de la abuela Francisca y mucho más.

—Emiliana, mira, aquí está —me dice mi papá de repente y saca un cuaderno viejo—. Este era el diario del tatarabuelo Tobías. Mi papá me contó que él conoció a Benito Juárez. Si fue así, debió escribirlo en su diario.

—Mamá, ¿quién es Benito Juárez? —pregunto curiosa.

—Emiliana, Benito Juárez fue presidente de México hace muchos años, cuando nosotros aún no habíamos nacido —me responde mamá.

Papá está concentrado mirando el diario del tatarabuelo. De repente señala una página: el tatarabuelo escribió allí cómo conoció a Benito Juárez. ¡Qué interesante! El tatarabuelo estuvo presente el día que Benito Suárez ascendió a presidente de México y cuenta todos los detalles de la ceremonia.

Estoy feliz porque puedo llevar mi tarea de historia y seguir investigando, en la caja de los recuerdos, la historia de mi familia y mi país.

Haz conexiones

¿Cómo comprende Emiliana la importancia de llevar un registro del pasado? **PREGUNTA ESENCIAL**

¿Cómo se mantiene el registro del pasado en *Tesoros del pasado y La caja de los recuerdos*? **EL TEXTO Y OTROS TEXTOS**

Glosario

albergar contener y proteger ***(página 2)***

arquitecto persona que proyecta y construye edificios ***(página 10)***

colección privada agrupación de importantes objetos culturales a la que no tiene acceso todo el mundo ***(página 2)***

mesoamericano perteneciente a la región de Centroamérica, desde México hasta Nicaragua, conocida como Mesoamérica ***(página 4)***

monolito monumento de piedra hecho de una sola pieza ***(página 7)***

pieza objeto cultural de gran valor ***(página 2)***

precolombino tiempo antes de que Cristóbal Colón descubriera América ***(página 4)***

restauración reparación o recuperación ***(página 12)***

Índice

Enfoque:

Estudios Sociales

Propósito Mostrar cómo los objetos de las culturas antiguas reflejan los elementos de la cultura

Paso a paso

Paso 1 Con un compañero o una compañera escoge una cultura antigua de Mesoamérica.

Paso 2 Estudia su organización social y sus costumbres.

Paso 3 Escoge un objeto importante de esta cultura. Puede ser un tejido, una escultura o una construcción.

Paso 4 Mira cómo se relacionan su organización social y sus costumbres con el objeto que escogiste. Presenta lo que aprendiste a la clase.

Conclusión ¿Qué aprendiste de los objetos de una cultura? ¿Qué objeto consideras representativo de tu cultura?

Género Narrativa de no ficción

Pregunta esencial

¿Cómo puede una vivencia cambiar tu manera de pensar sobre la naturaleza?

¡PROTEJAMOS ESTE LUGAR!

MARIA GILL

INTRODUCCIÓN

¿Alguna vez has estado en un lugar verdaderamente especial? ¿Cómo te sentirías si lo destruyeran?

Imagina que las paredes del Gran Cañón estuvieran cubiertas de carteles, que hubiera ciudades en sus valles y que el río Colorado estuviera lleno de basura. Y, ¿qué tal si los animales que viven allí ahora estuvieran **extintos**?

Muchos exploradores se han preocupado tanto por un lugar que han tratado de salvarlo de la urbanización. Aldo Leopold fue un naturalista. Amaba el Gran Cañón. Verplanck Colvin se sentía igual con respecto a los montes Adirondack, en el estado de Nueva York. Ambos se aseguraron de que estos lugares especiales sobrevivieran para futuras generaciones.

(t bkgd) Siede Preis/Photodisc/Getty Images, (b) Medioimages/Photodisc/Getty Images

El Gran Cañón tiene fama mundial por sus paisajes asombrosos.